파울리나 하라
대학에서 연극을 공부했으며, 작가로 활발히 글을 쓰는 동시에 학교 도서관 자문 전문가로도 활동하고 있다.

메르세 갈리
바르셀로나에서 태어나 부모님의 서점에서 책에 둘러싸여 자랐다. 바르셀로나 대학에서 예술과 미술을 공부한 후, 지금은 주로 어린이와 청소년 책에 그림을 그린다.

구유
서울에서 태어나 마드리드에 살고 있다. 한국에서 스페인어통번역학과 프랑스학을, 스페인에서 영어-스페인어 문학 번역을 공부했다.

아기 동물들의 탄생

글 | 파울리나 하라
그림 | 메르세 갈리
옮긴이 | 구유
초판 1쇄 발행 | 2024년 9월 30일
펴낸이 | 최윤정
만든이 | 김민령 안의진 유수진
펴낸곳 | 바람의아이들
등록 | 2003년 7월 11일 (제312-2003-38호)
주소 | 03035 서울특별시 종로구 필운대로 116 (신교동) 신우빌딩 501호
전화 | (02) 3142-0495 팩스 | (02) 3142-0494
이메일 | barambooks@daum.net
인스타그램 | @baramkids.kr
트위터 | @baramkids
제조국 | 한국
구독연령 | 3세 이상

www.barambooks.net

Copyright © 2020, Editorial Amanuta Limitada
Copyright © 2020 Paulina Jara (Text)
Copyright © 2020 Mercè Galí (Illustrations)
Originlally published under the title "Nacer" in Chile.
This edition was published by arrangement with MARINA Books Literary Agency, Barcelona, Spain.

All rights reserved.
This Korean edition is published by Barambooks in 2024
by arrangement with MARINA Books.

이 책의 한국어판 저작권은 저작권자와의 독점 계약으로 바람의아이들에 있습니다.
저작권법에 의해 한국 내에서 보호를 받는 저작물이므로 무단전재와 복제를 금합니다.

아기 동물들의
탄생

파울리나 하라 글 | 메르세 갈리 그림
구유 옮김

바람의아이들

차례

산토끼
8

퓨마
10

닭
12

박쥐
14

다윈코개구리
16

기린
18

붉은 캥거루
20

돌고래
22

전갈
24

해마
26

일곱 팔 문어
28

뻐꾸기
30

까마귀
32

타조
34

바다코끼리
36

코끼리
38

기니피그
40

아르마딜로
42

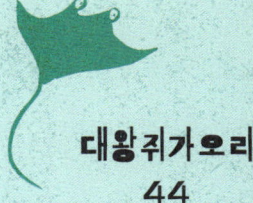
대왕쥐가오리
44

알프스 도롱뇽
46

황제펭귄
48

생쥐
50

북극곰
52

주머니쥐
54

인간
56

임신 기간
58

더 알아보기
60

산토끼

Lepus europaeus

엄마 토끼의 특기는
임신하기예요.
아기 토끼들이 사이좋게 자랄 수 있게
자궁이 두 개나 있지요.

배 속에서 아기 토끼들이 자라는 동안
엄마 토끼에게는 다시금 사랑이 찾아와요.
그러면 다른 토끼와 짝짓기를 하고
또다시 임신한답니다.

아빠가 다른 아기 토끼들은
경쟁하지 않아요.
시간차를 두고 차례차례
엄마 토끼의 배 속에서 자라니까요.

몇 마리는 먼저 태어날 거예요.
그러면 엄마 토끼는 곧바로
아직 배 속에 있는 아기 토끼들을 위해
둥지를 지으러 서둘러 달려간답니다.

퓨마

Puma concolor

아기 퓨마들이 배 속에서 자라는 동안
엄마 퓨마는 스스로 돌봐요.
그렇게 석 달이 지나면
홀로 새끼를 낳지요.

눈도 채 못 뜨고서
아기 퓨마들은 무척 배고파해요.
엄마 젖꼭지에서 나오는 젖을 먹고
엄마의 품에 기댄답니다.

생후 열흘이 지나면 아기 퓨마들은
태어나 처음으로 햇빛을 봐요.
석 달이 지나면 젖을 떼고
은신처에서 나오고요.

엄마가 사냥을 나갈 때면
아기 퓨마들도 엄마를 따라 사냥 연습을 해요.
두 살이 되면 이제 어른이에요.
다 자란 퓨마들은 뿔뿔이 흩어지지요.

닭

Gallus gallus domesticus

정확하게 꽂히는 송곳처럼
작디작고 뾰족한 부리 끝으로
톡 톡 톡 쪼아 대요.
병아리는 밖으로 나가고 싶거든요.

툭 튀어나온 작은 이빨을
난치라고 불러요.
병아리는 난치를 이용해
단단하고 두꺼운 알 껍데기에 구멍을 뚫어요.

구멍이 뚫리면 부리를 돌리고 비틀지요.
꼭 마구 흔들리는 나사못 같아요.
병아리는 정성껏 자기를 품어 주었던
알 밖으로 나가고 싶어요.

애쓰고 노력한 끝에 병아리들은
꿀 같은 휴식을 맛보고
행복하게 삐약삐약
엄마를 따라 걷는답니다.

삐약!

박쥐

Chiroptera

엄마 박쥐는
거꾸로 매달린 채 새끼를 낳아요.
중력을 거스르는 엄마 박쥐는
꼭 공중 곡예사 같아요.

엄마 박쥐는 날개를 활짝 펼쳐서
무척 튼튼한 그물망을 만들어요.
혹시라도 아기 박쥐가 떨어지면
받아 주어야 하니까요.

갓 태어난 아기 박쥐는
배가 고파서
제법 야무진 앞발로 따뜻하고 맛있는
젖을 달라고 엄마를 보채요.

쿨쿨쿨쿨…

아기 박쥐는 날개가 다 자라서
전속력으로 날 수 있을 때까지
엄마의 등에 매달려 다니고
복슬복슬한 엄마의 배에 안겨 잔답니다.

다윈코개구리

Rhinoderma darwinii

엄마 개구리는 차분하게
땅에다 알을 낳고 떠나요.
그러면 아빠 개구리가 와서
2주 동안 알을 지키지요.

배아가 알 속에서 움직이기 시작하면
아빠 개구리는 알을 입안에 넣고 삼켜요.
턱 밑 비밀스런 울음주머니 안에서
알을 기르지요.

알들은
아빠 개구리 안에 머무르며
발달이 완전히 끝나 개구리가 될 때까지
안전하고 편안하게 자라요.

아빠 개구리는
혀 아래 위치한
좁게 열린 틈으로 새끼를 낳아요.
아기 개구리들을 천천히 뱉어 낸답니다.

기린

Giraffa camelopardalis

기린은 자유 낙하로 태어나요.
높은 곳에서 묘기를 부리는 곡예사처럼
무시무시한 2미터 높이에서
아기 기린이 떨어져요.

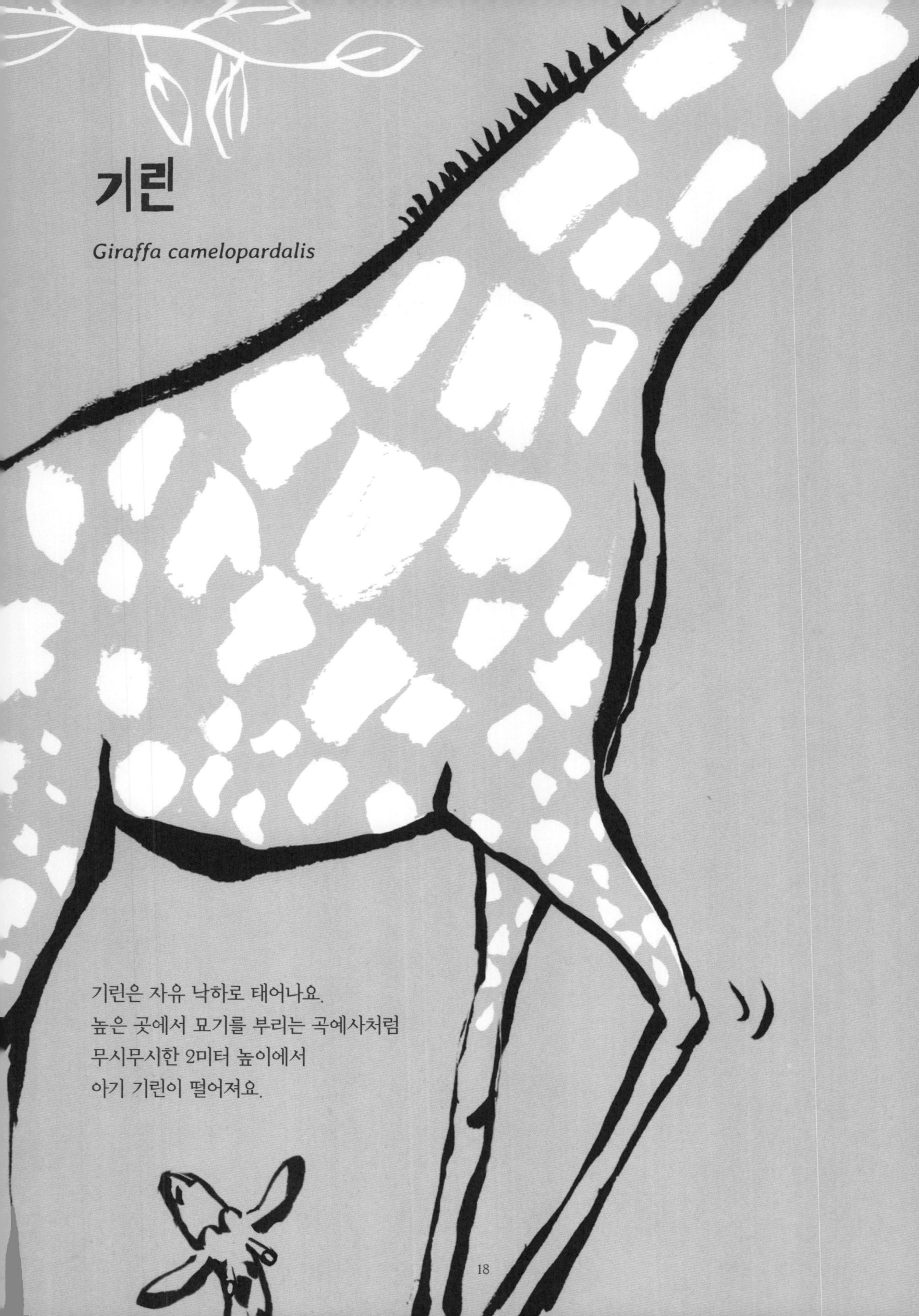

태막이
폭신폭신한 쿠션처럼 아기 기린을
충돌과 타박상으로부터 보호해 주고
덕분에 아기 기린은 살아남을 수 있어요.

기린이 이렇게 태어나는 건 엄마 기린이
언제든 도망갈 준비가 되어 있기 때문이에요.
포식자들이 득실득실한 탓에
엄마 기린은 겁에 질려 있거든요.

생후 두 시간이 지나면 아기 기린은
도움 없이 걷고 달릴 수 있어요.
마치 한순간에
어른 기린이 된 것처럼요.

붉은 캥거루

Macropus rufus

아기 캥거루는 엄마 캥거루의 자궁에서
애벌레만큼 조그맣게 태어나요.
무게는 고작 1그램
듣지도, 보지도 못하는 연약한 존재랍니다.

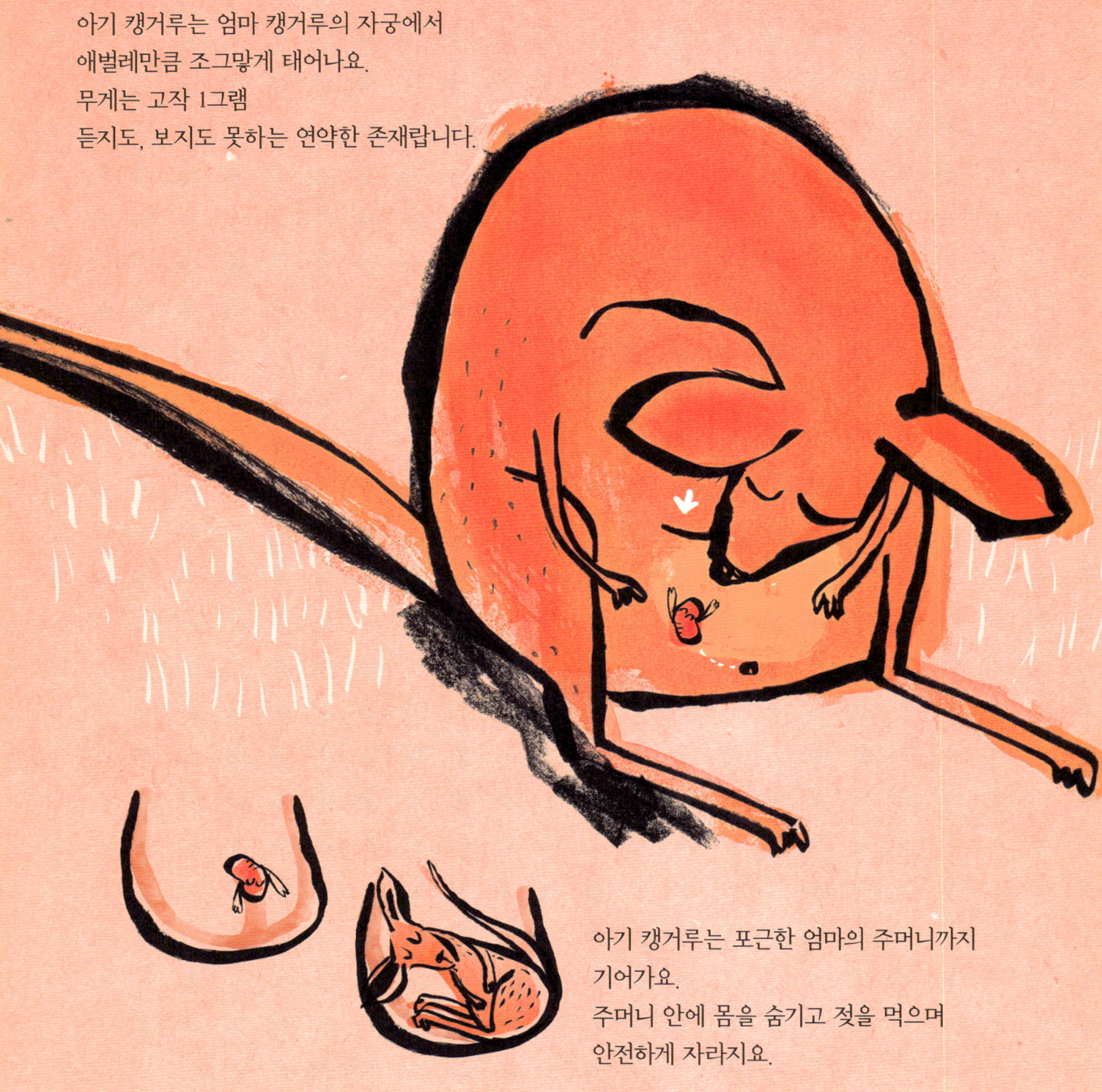

아기 캥거루는 포근한 엄마의 주머니까지
기어가요.
주머니 안에 몸을 숨기고 젖을 먹으며
안전하게 자라지요.

여섯 달 동안 엄마 캥거루는 사랑으로
아기 캥거루를 주머니에 넣고 다녀요.
이제 몸이 어느 정도 자란 보드라운 아기 캥거루는
주머니 밖으로 나갈 수 있답니다.

앞으로도 거의 한 해 동안은
젖을 먹고 싶을 때나
겁에 질릴 때마다
엄마 캥거루의 주머니 안으로 뛰어들겠지만요.

돌고래

Delphinus delphis

엄마 돌고래가 새끼를 낳을 때
산파 돌고래가 도와줘요.
인간이 아기를 낳을 때
의사의 도움을 받는 것처럼요.

끈끈하게 뭉친 돌고래 친구들이
몸으로 다정한 원을 그리며
엄마와 아기 돌고래를 둘러싸고
위험으로부터 지켜 준답니다.

아기 돌고래는 꼬리부터 태어나요.
스스로 숨을 쉴 수 있을 때까지
엄마 돌고래와 연결된 탯줄을 통해
편안하게 숨을 쉴 수 있어요.

엄마 돌고래는 아래쪽에서 헤엄치면서
아기 돌고래를 다정하게 밀어 올려요.
수면까지 올라간 아기 돌고래는
산소를 들이마실 수 있답니다.

전갈

Scorpionidae

완벽한 짜임새로 움직이는
사랑의 춤이 끝나면
아빠 전갈은 엄마 전갈에게서 떨어져야 해요.
그러지 않으면 엄마 전갈의 먹이가 될 테니까요.

인간과 마찬가지로
임신 후 아홉 달이 지나면
무방비 상태의 연약한
아기 전갈들이 태어난답니다.

아기 전갈들은 엄마 전갈의
등 위에서 자라요.
많으면 백 마리의 아기 전갈들이
허둥지둥 엄마의 등 위로 기어오르지요.

엄마 전갈은 피부를 통해
아기 전갈들에게 액체 영양분을 공급해요.
뾰족한 독침으로는
적들을 도망가게 한답니다.

해마

Hippocampus

암컷 해마와 수컷 해마는
함께 춤을 춰요.
구애의 춤이자 사랑의 춤은
꼭 결혼식의 한 장면 같아요.

주둥이와 꼬리가 서로 얽히고
엄마 해마가 알을 낳으면
아빠 해마의 배 속
따뜻한 주머니 안으로 떨어져요.

아빠 해마는 인내하며
배 속 주머니의 알을 품어요.
바닷속에서 아빠 해마는
새끼를 천 마리도 넘게 낳을 거예요.

아기 해마들은 태어나자마자
헤엄칠 준비가 되어 있어요.
파도를 헤치고 질주하며
혼자 힘으로 살아가야 한답니다.

일곱 팔 문어

Haliphron atlanticus

일곱 팔 문어가 엄마가 되는 건
일생에 한 번뿐이에요.
천 개가 넘는 알들을
다시없을 사랑으로 돌본답니다.

엄마 문어는 알들을 감싸안고
시원한 물로 씻겨 주고
위험으로부터 보호하기 위해
밤낮으로 곁을 지켜요.

알을 품는 동안 엄마 문어는
먹이를 한 입도 먹지 않아요.
알들이 부화하고 나면
엄마 문어는 너무 말라서 죽기도 해요.

하지만 아기 문어들은
뛰어난 본능을 타고났어요.
태어나자마자 능숙하게 헤엄치고
좋아하는 먹이를 찾을 수 있답니다.

뻐꾸기

Cuculus canorus

엄마 뻐꾸기는 아주 얌체예요.
자기 알을 직접 품을 마음이 없어요.
그토록 힘든 일이라니, 힘든 일이 싫어
남의 둥지에 몰래 알을 낳는답니다.

엄마 뻐꾸기는 새끼들을 대신 키워 줄
종이 다른 새 부부를 찾아요.
숨어 있는 천적의 노래를 흉내 내며
새 부부의 주의를 돌리지요.

엄마 뻐꾸기는 남의 둥지에 슬그머니 알을 낳고
원래 있던 알은 바닥으로 떨어뜨려요.
자기 새끼를 대신 키워 줄 엄마 새가
눈치채지 못하게요.

아기 뻐꾸기는 태어나자마자
세상의 유일한 중심이 되고 싶어 해요.
'형제자매들'보다 몸집이 큰 아기 뻐꾸기는
등으로 다른 새끼들을 멀리멀리 밀쳐요.

가여운 양부모 새들은
멈출 줄 모르고 먹고 또 먹어서
공처럼 깃털이 빵빵해진 새끼 뻐꾸기에게
정성껏 먹이를 물어 나른답니다.

까마귀

Corvus corax

어쩌면 아는 사람이 거의 없을 테지만
사실 까마귀들은 무척 똑똑해요.
아기 까마귀들을 사랑으로 키우고
놀아 주기도 하지요.

무방비 상태로 태어나는 아기 까마귀들은
부모 까마귀에게 온전히 의지해야 해요.
오랜 시간 동안 엄마 아빠가 새끼들에게
먹이를 물어다 주고 보호해 준답니다.

심지어는 새끼들과 놀아 주기도 해요.
눈 위를 구른다거나
바람에 살랑이는 나뭇가지에
거꾸로 매달려 흔들거리기도 하고요…

서로에게 호두를 던지며
즐거운 공놀이를 하기도 해요.
까마귀 가족은 초록빛 잔디 구장에서
견과류 축구 시합도 벌인답니다.

타조

Struthio camelus

타조 무리 안에는
최고의 아빠 타조가 있어요.
우두머리 수컷이에요.
최고의 아빠는 무척 열심히 일한답니다.

아내 타조와 다른 암컷 타조들이
알을 낳을 수 있게 구덩이를 준비해 주지요.
아빠가 달라도 상관없어요.
최고의 아빠는 다른 아빠들까지 지켜 주니까요.

무리가 함께 쓰는 거대한 둥지에는
무지막지하게 큰 알들이
많으면 예순 개까지 들어가요.
둥지를 지키는 타조는 오직 한 마리뿐이고요.

이토록 열심히 일하는 최고의 아빠 타조는
엄마 타조처럼 알을 품어요.
쉬어 가기 위해 아내 타조와
번갈아 가며 알을 품는답니다.

6주의 기다림 끝에
깃털이 듬성듬성한 아기 타조들이
우르르 알을 깨고 나와요.
모두 자랑스러운 슈퍼 아빠 타조의 새끼들이랍니다.

바다코끼리

Odobenus rosmarus

갓 수정된 수정란은
엄마의 자궁 안에서 둥둥 떠다녀요.
착상되기 전까지
넉 달 동안은 자라지 않아요.

둥둥 떠다니는 얼음 위에서
사랑하는 아기 바다코끼리가 태어날 때까지
엄마 바다코끼리는 한 해 동안
인내하며 기다릴 거예요.

엄마 바다코끼리는 사랑이 넘쳐요.
어화둥둥 아기를 달래듯
손 역할을 하는 지느러미로
새끼를 품에 안는답니다.

새끼가 다섯 살이 될 때까지
뽀뽀해 주고 보호해 줘요.
엄마는 새끼를 등에 태우고 다니고
새끼는 엄마의 등 위에서 균형을 잡지요.

코끼리

Elephantidae

엄마 코끼리의 임신 기간은
길고 길어요.
거대한 배 속에 거의 두 해 동안이나
새끼를 품고 다닌답니다.

모두 아기 코끼리가
동물의 왕국에서 가장 뛰어난
지능과 두뇌를 갖추고
태어날 수 있게 하기 위해서예요.

엄마 코끼리는 다른 암컷 코끼리 친구의
도움을 받아 새끼를 낳아요.
친구는 엄마를 응원해 주고
사나운 사자들로부터 지켜 준답니다.

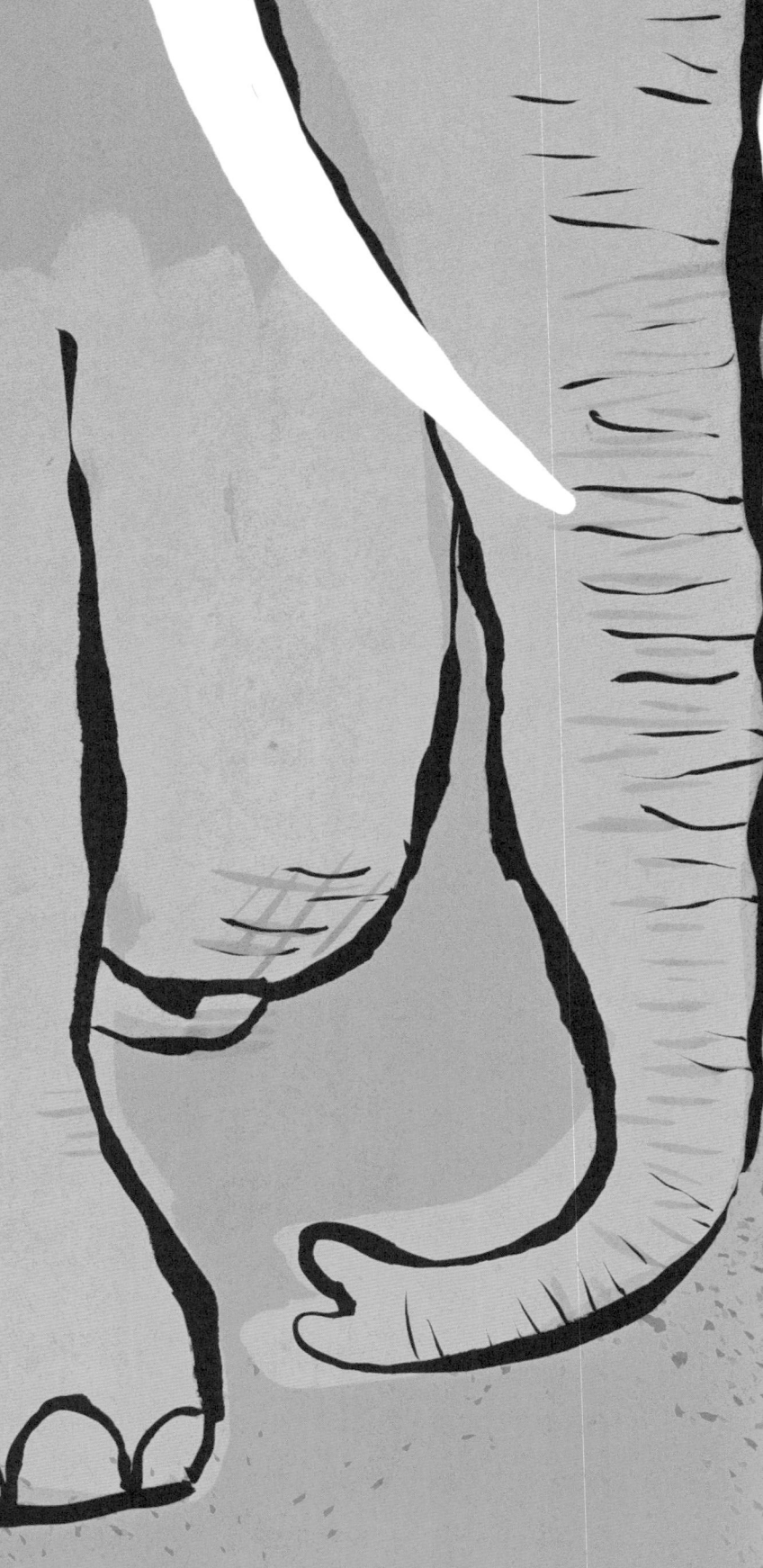

엄마 코끼리는 선 채로 새끼를 낳아요.
아기 코끼리는 태어날 때
머리부터 떨어지고
바로 그때 탯줄이 끊어진답니다.

태어나자마자 아기 코끼리는 100킬로그램이 넘고
생후 한 시간이 지나면 벌써 일어설 수 있어요.
아기 코끼리의 탄생을 축하하기 위해 기다리는
코끼리 무리 곁으로 씩씩하게 걸어가지요.

기니피그

Cavia porcellus

기니피그의 몸 안에는
새끼 공장이 있는 게 분명해요.
기니피그들은 생후 4주가 되면서부터
임신할 수 있거든요.

두 달이 더 지나면
아기 기니피그들이 태어나요.
털도 있고 이빨도 있고 눈도 보여요.
완전한 형태를 갖추고 태어나지요.

엄마 기니피그는 출산 후 두 시간이 지나면
바로 발정기에 들어서요.
새로운 생명을 만들어 내기 위해
다시 짝짓기를 할 준비가 된 거예요.

다산을 자랑스럽게 뽐내는
엄마 기니피그는
한 해 동안 연달아 다섯 번이나
새끼를 낳을 수 있답니다.

아르마딜로

Dasypodidae

"하나, 둘, 셋, 얼음!"
엄마 아르마딜로가 배 속의 배아에게 말해요.
"겨울이 지나고 먹이가 풍부해질 때까지
자라면 안 돼."

더 나은 계절이 오기를 기다리며
엄마 아르마딜로는 임신을 잠시 멈춰요.
그래야 새끼들이 태어나 자랄 때
생존할 수 있을 테니까요.

석 달의 기다림과
넉 달의 임신 기간이 지나고
아르마딜로는 언제나 네 쌍둥이로 태어나는데
성별도 색깔도 똑같아요.

네 마리 수컷 또는 네 마리 암컷
다른 점이라곤 하나도 없이
떨어지는 빗방울처럼
거울처럼 똑같은 모습이랍니다.

대왕쥐가오리

Manta birostris

약 서른 마리의 수컷들이
엄마 가오리의 꽁무니를 졸졸 따라다녀요.
단 한 마리의 수컷만 승리하는
구애의 행렬이지요.

사랑의 결실로
엄마 가오리의 자궁에서 알이 자라요.
엄마 가오리는 배 속에
알을 품는답니다.

엄마 가오리는 새끼에게 영양분을 줄
태반이 없어요.
하지만 부족한 영양분은
알이 공급해 주지요.

알은 엄마 가오리의
자궁 안에서 부화해요.
엄마 가오리가 뛰고 또 뛰어오르는 동안
아기 가오리가 태어난답니다.

알프스 도롱뇽

Salamandra atra

알프스 도롱뇽의 임신 기간은
산의 고도에 따라 달라져요.
해발 1000미터까지는 2년,
더 높은 지대에서는 3년까지도 지속된답니다.

알프스 도롱뇽은
생존을 위해 진화해 왔어요.
포식자들이 해치지 못하도록
자궁 안에서 알을 품지요.

아주 오랜 기다림 끝에
엄마 도롱뇽은 두 마리 아기 도롱뇽을 낳아요.
이미 잘 형성된 폐를 갖추고 태어나는
아기 도롱뇽들은 폐로 숨을 쉴 수 있어요.

알프스 도롱뇽은 동물 중
임신 기간이 가장 길다는 기록을 자랑해요.
게다가 고산지대에서 살아남은
진화의 천재이기도 하답니다.

황제펭귄
Aptenodytes forsteri

남극의 용감한 펭귄들은
겨울 강추위 속에서 번식해요.
엄마 펭귄이 알을 낳으면
아빠 펭귄이 지키지요.

엄마 펭귄이 먹이를 찾으러 떠나면
아빠 펭귄은 아기 펭귄이 태어날 때까지
먹지도 않고 발등 위에 알을 올려
감싸안고 품으며 기다려요.

수컷 펭귄들은
우애 좋은 형제처럼 원을 그리며 모여
돌아가면서 따뜻한 가운데 자리로
들어가 추위를 견뎌요.

두 달의 기다림이 끝나면
사랑하는 아기 펭귄이 태어나요.
엄마 펭귄이 아기를 돌보러 돌아오면
아빠 펭귄은 먹이를 찾으러 떠난답니다.

생쥐

Mus musculus

생쥐는 인간 다음으로
개체 수가 많은 포유동물이에요.
번식하기를 좋아하는 생쥐들은
번식의 전문가랍니다.

그토록 고대하던 임신은
단지 24일 동안 지속될 뿐이에요.
한 번에 열두 마리까지 새끼가 태어나고
3주 동안은 엄마 젖을 먹어요.

이 짧은 시간 동안
엄마 생쥐는 아기 생쥐들을 살뜰히 돌봐요.
보살핌을 받으며 다 자란 생쥐들은
엄마 곁을 떠나 살아가게 되지요.

다산하는 엄마 생쥐는
이리저리 뛰어다니는 아기 생쥐들을
한 해 동안 여섯 번에서 여덟 번이나
낳을 수 있답니다.

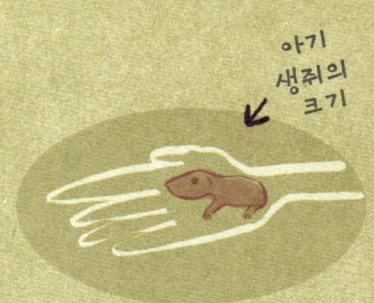

아기 생쥐의 크기

북극곰

Ursus maritimus

엄마 북극곰은 북극에서의 삶이
너무도 가혹하다는 걸 아주 잘 알고 있어요.
그래서 수정란이 착상되기에
가장 좋은 때가 오기를 기다려요.

짝짓기 후에 엄마 북극곰은
어마어마한 식욕으로 먹이를 먹으면서
200킬로그램까지 체중을 불려요.
꼭 움직이는 음식 저장고 같지요.

수정란 상태로 제법 오랜 시간을 보낸 후
착상이 되어 자라기 시작하면
엄마 북극곰은 얼음에
깊은 굴을 파고 들어가요.

엄마 북극곰은 굴 안에서 새끼를 낳아요.
무방비 상태로 태어난 아기 북극곰들은
눈이 보이지 않고, 털도 이빨도 없어서
강인한 엄마의 사랑이 필요하답니다.

주머니쥐

Didelphimorphia

주머니쥐는
13일 동안의 짧은 임신 기간이 지나면
스무 마리 정도의 새끼를 낳아요.
아주아주 조그맣게 태어나지요.

갓 태어난 아기 주머니쥐는
티스푼에도 무리 없이 올라갈 정도니까요.
하지만 발달은 아직
완전히 끝난 게 아니랍니다.

콩알만 한 데다 눈도 보이지 않는 까닭에
아기 주머니쥐는 앞발을 사용해
본능이 이끄는 대로 엄마의 주머니를 찾아가고
아늑한 주머니 안에서 자란답니다.

엄마의 주머니 안에서 보호받으면서
젖을 먹고 또 먹고
두 달을 지내고 나면
이제 홀로서기를 할 수 있어요.

아득한 고대부터 오랜 세월을 이어 온
주머니쥐 엄마는 얼마나 대단한가요.
한 해에 무려 두 번이나
임신할 수 있으니 말이에요.

인간

Homo sapiens

난자와 정자가 만나
생명을 탄생시켜요.
엄마와 아빠의 두 세포가 만나
한 명의 인간이 될 거예요.

작디작은 수정란은
근사한 태반 안에서
음악 같은 엄마의 심장박동을
들으며 자라지요.

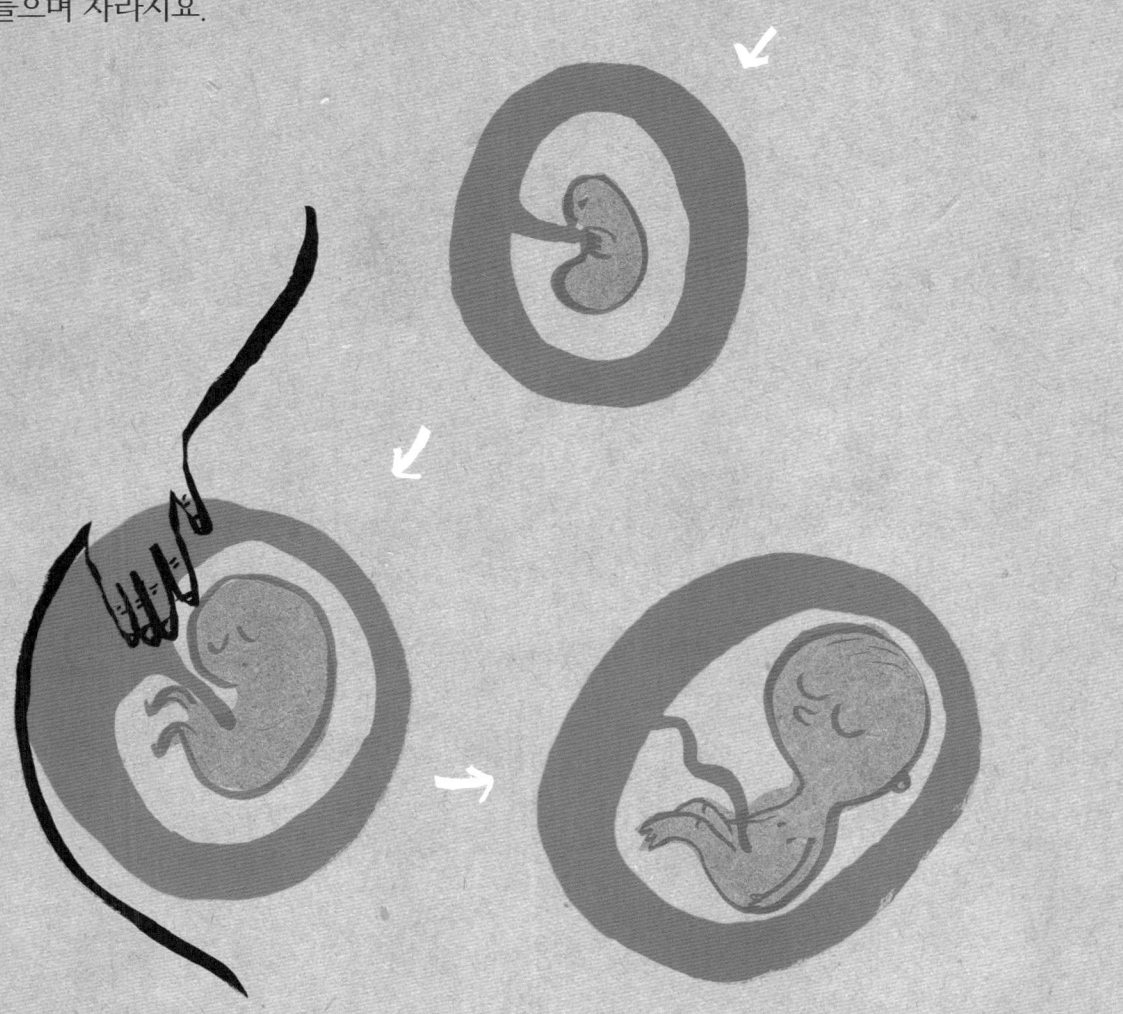

태반 안에서 태아는
물고기처럼 유유자적 헤엄치며
배꼽에 달려 흔들리는 탯줄을 통해
영양분을 공급받을 거예요.

엄마와 한 몸으로 아홉 달을 보낸 후
마침내 햇살을 보게 되는 날
그날이 오면
아기는 기쁜 숨을 내쉴 거예요.

임신 기간

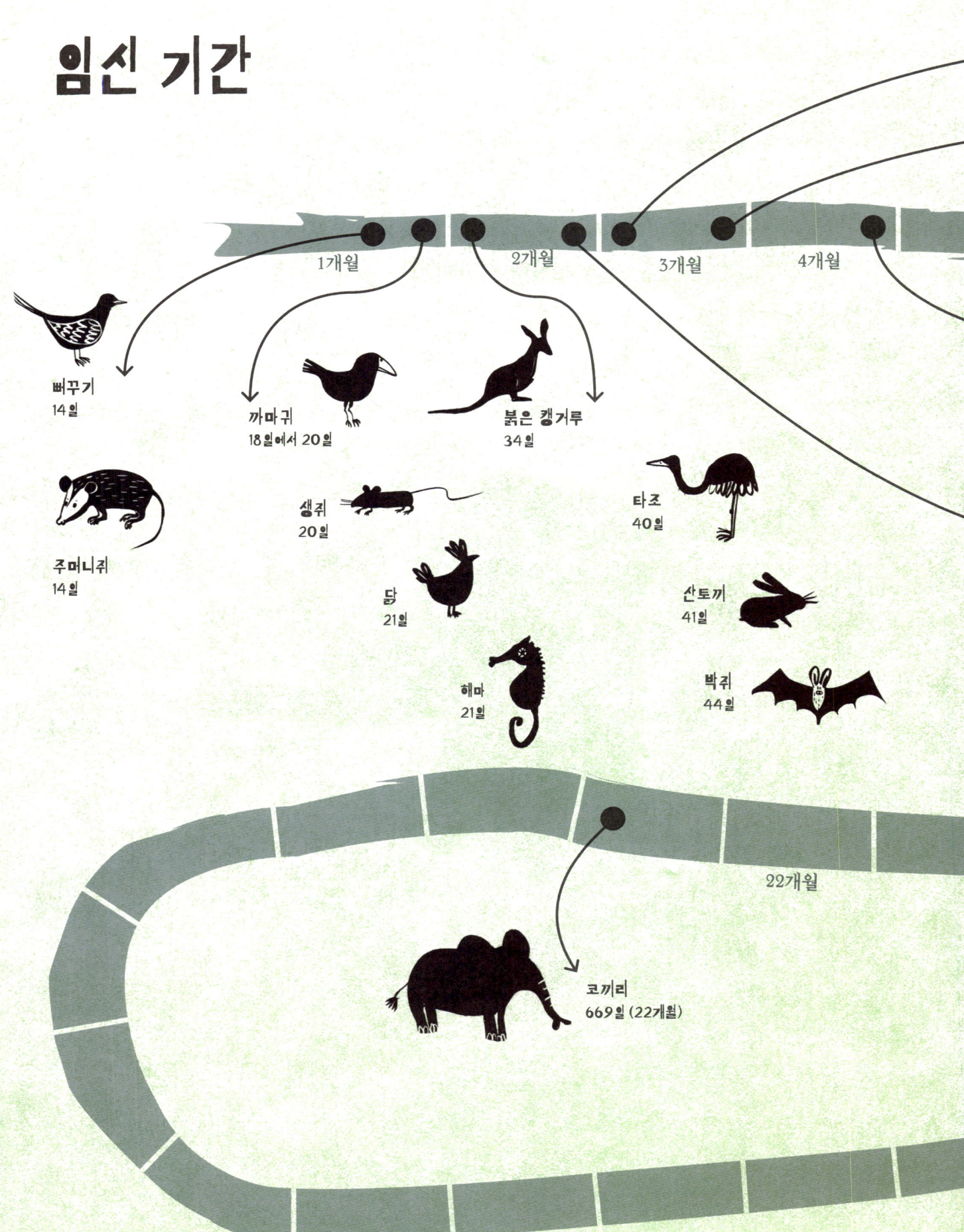

1개월 / 2개월 / 3개월 / 4개월

뻐꾸기
14일

까마귀
18일에서 20일

붉은 캥거루
34일

주머니쥐
14일

생쥐
20일

타조
40일

닭
21일

산토끼
41일

해마
21일

박쥐
44일

22개월

코끼리
669일 (22개월)

일곱 팔 문어: 알려진 정보 없음

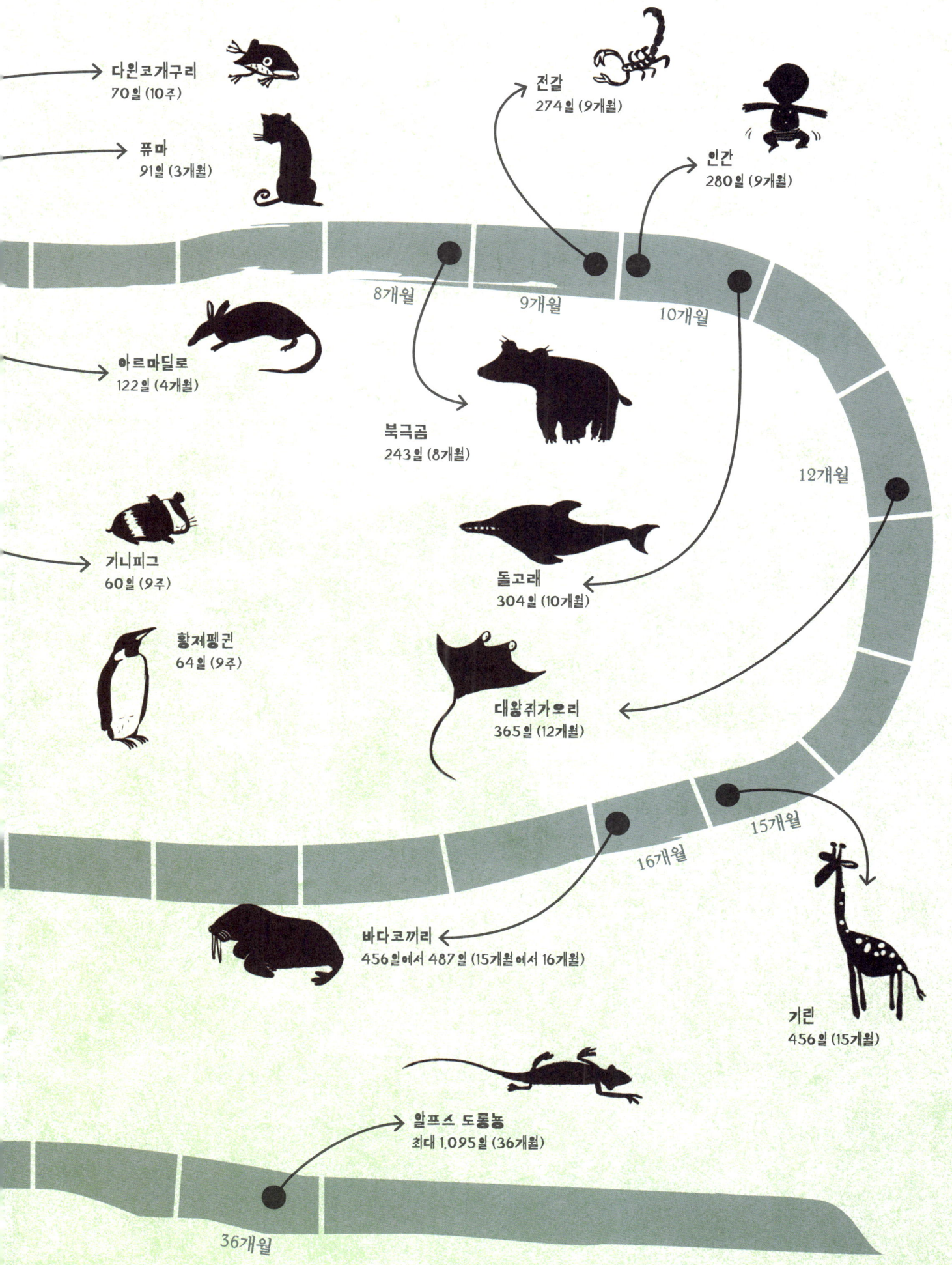

더 알아보기

산토끼
처음으로 젖을 먹기 전까지 아기 토끼들은 움직이지 못해요. 생후 사흘 정도가 지나면 엄마 토끼는 아기 토끼들을 안전하게 보호할 장소를 찾아 데려다 두고 젖을 줄 때만 찾아가지요.

퓨마
갓 태어난 퓨마는 털에 얼룩덜룩한 무늬가 있고 두 눈은 완전히 감고 있어요.

닭
21일이 지나면 완전한 병아리가 되어 달걀 껍데기를 깨고 나와요.

다윈코개구리
벌써 다리와 소화기관과 턱이 완전히 발달한 아기 개구리들이 아빠 개구리의 입을 통해 세상으로 나온답니다.

박쥐
갓 태어난 박쥐는 다 큰 박쥐와는 무척 달라요. 박쥐는 태어날 때부터 날개가 있는 게 아니고, 날개 대신 두 팔과 두 다리가 있어요. 손가락은 비막이라는 얇은 막으로 연결되어 있는데, 이 비막이 시간이 흐르며 날개로 변신하는 거랍니다.

돌고래
아기 돌고래들은 엄마 돌고래의 젖을 빨아먹을 필요가 없어요. 엄마 돌고래는 아기 돌고래가 배가 고플 때 젖을 흘려보낼 수 있거든요.

기린
아기 기린은 생후 22개월까지 엄마 기린과 함께 살 수 있어요. 이후로는 이제 스스로의 길을 찾아 떠나야 해요.

해마
해마는 아주아주 조그맣게 태어나고, 어른 해마로 자라날 수 있는 아기 해마는 1%에 불과해요.

전갈
새끼를 낳을 때 엄마 전갈은 아기 전갈들이 나올 수 있도록 앞다리에 체중을 싣고 몸을 들어 올린 채 꼿꼿하게 버텨요. 아기 전갈들은 한 마리씩 세상으로 나온답니다.

붉은 캥거루
갓 태어난 아기 붉은 캥거루는 크기가 땅콩만 해요. 자궁 안에 있던 아기 캥거루는 있는 힘껏 기어서 엄마의 주머니 안으로 이사 가야 하지요.

일곱 팔 문어
갓 태어난 아기 일곱 팔 문어는 한동안 수면 가까이에서 플랑크톤을 먹고 지내요. 성장하면서 점점 더 깊은 바다로 내려가고 먹이도 점점 바뀌는데, 갑각류와 연체동물도 먹을 수 있어요.

뻐꾸기

뻐꾸기의 알이 부화할 때까지 걸리는 시간은 숙주로 선택된 새들의 알보다 언제나 짧아요. 그래서 아기 뻐꾸기들은 둥지의 다른 알보다 더 먼저 껍데기를 깨고 나올 수 있답니다.

타조

아기 타조는 생후 며칠 동안 어른 타조들의 보호 아래 지내야 해요. 연약한 깃털에 햇빛이 치명적으로 위험할 수 있거든요.

까마귀
엄마 까마귀와 아빠 까마귀는 토해낸 먹이를 아기 까마귀의 입에 넣어 주어요.

바다코끼리

암컷 바다코끼리들은 서로 도우며 아기 바다코끼리를 키워요. 엄마가 없는 아기 바다코끼리에게는 젖을 주기도 하고요.

코끼리
아기 코끼리는 태어날 때부터 100킬로그램이나 되지만, 눈이 보이지 않아 포식자들에게 쉬운 사냥감이 돼요. 흔적이 남아 다른 동물들이 새끼를 공격하게 될까 봐, 엄마 코끼리는 아기 코끼리를 감싸고 있던 태반을 먹어치운답니다.

기니피그

다른 설치류 동물과 달리, 아기 기니피그는 제법 발달된 상태로 태어나요. 털, 이빨, 발톱은 물론 뛰어난 시력까지 갖추고 태어난답니다.

아르마딜로

아르마딜로는 태반류 동물이에요. 아기 아르마딜로는 엄마 배 속에 있는 동안 탯줄을 통해 태반에서 영양을 공급받는답니다.

대왕쥐가오리
아기 대왕쥐가오리는 돌돌 말린 채로 태어나요. 완전히 평평해지기까지는 몇 시간이 걸리고요.

알프스 도롱뇽
엄마 알프스 도롱뇽은 자궁 안에 약 30개 정도의 알을 낳아요. 하지만 대부분은 앞으로 태어날 소수의 아기 도롱뇽들을 위한 영양분으로 쓰인답니다.

생쥐

엄마 생쥐는 갓 태어난 아기 생쥐가 막을 벗고 나오는 걸 도와줘요. 한 마리 한 마리 혀로 핥아 씻겨 주면서 숨을 쉬도록 자극해 준답니다.

주머니쥐

아기 주머니쥐는 엄마의 주머니 안에서 약 50일가량을 보내요. 주머니를 떠난 후에는 홀로서기를 할 수 있을 때까지 엄마의 등에 업혀 지내고요.

황제펭귄
아빠 펭귄은 발등 위에 알을 올리고 균형을 잡은 후 배의 깃털로 감싸안고 알을 품어요.

북극곰
갓 태어난 아기 북극곰은 털이 없고 한 달 동안은 눈도 뜨지 못한답니다.

인간

생후 며칠 동안, 아기는 엉엉 우는데 눈물은 흘리지 않아요. 눈물길이 아직 막혀 있기 때문이에요. 부모를 보고 의식적으로 웃는 생명체는 인간 아기가 유일하답니다.